Liebe Eltern,

jedes Kind ist anders. Eines kennt bereits alle Buchstaben in der Vorschule und kann sie zu Worten formen. Ein anderes lernt das ABC beim Eintritt in die Schule. Für das spätere Leseverhalten ist das völlig unerheblich. Wichtig aber ist der Spaß am Lesen – und zwar von Anfang an. Darum muss sich die konzeptionelle Entwicklung von Lesetexten an den besonderen Lernentwicklungen des einzelnen Kindes orientieren.

Wir haben deshalb für unser Bücherbär-Erstleseprogramm verschiedene Reihen für die Vorschule und die ersten beiden Schulklassen entwickelt. Sie bauen aufeinander auf und holen die unterschiedlich entwickelten Kinder dort ab, wo sie sind.

Die Bücherbär-Reihe *Kleine Geschichten* richtet sich in der Regel an Leseanfänger im zweiten Halbjahr der 1. Klasse. Die kurzen Geschichten rund um ein beliebtes Thema sind besonders gut zum allerersten Selberlesen.

# Friederun Reichenstetter
## Spukschlossgeschichten

Dieses Buch gehört:

_____

### Friederun Reichenstetter

studierte Sprachen in München, Straßburg und London. Danach arbeitete sie für verschiedene internationale Organisationen im In- und Ausland. Seit vielen Jahren ist sie freiberufliche Autorin und schreibt Kinder- und Jugendbücher. Sie lebt mit ihrem Mann in München.

### Mechthild Weiling-Bäcker

studierte an der Fachhochschule für Design in Münster. Seit 2000 arbeitet sie als freie Illustratorin für verschiedene Verlage. Sie lebt mit ihrer Familie in Münster.

# Friederun Reichenstetter

# Spukschlossgeschichten

Mit Fragen zum Leseverständnis

Mit Bildern von Mechthild Weiling-Bäcker

Arena

1. Auflage 2013
© Arena Verlag GmbH, Würzburg 2013
Alle Rechte vorbehalten
Einband und Illustrationen: Mechthild Weiling-Bäcker
Gesamtherstellung: Westermann Druck Zwickau GmbH
ISBN 978-3-401-70347-3

**www.arena-verlag.de**

# Inhalt

# Einzug mit Hindernissen

Weil Papa und Mama
alte Häuser lieben,
kauften sie das kleine Schloss
am Stadtrand.
Paula und ich fanden das cool.
Keiner unserer Freunde
wohnte in einem Schloss.
Und wenn, gab es dort bestimmt
keinen uralten muffigen Keller,
in dem Asseln, Fledermäuse
und Spinnen hausten.
Paula und ich
sind übrigens Zwillinge.
Natürlich sind wir auch
gleich alt, nämlich acht.

Endlich war es so weit:
Wir zogen um.
Zu viert standen wir
vor dem alten Gemäuer
und warteten
auf den Umzugswagen.

Von außen sah alles noch
ziemlich baufällig aus.
Aber unsere Zimmer waren
bereits renoviert.
„Kommt, gehen wir schon mal
in unseren Palast",
schlug Papa vor.
Er kramte in der Hosentasche
nach dem eisernen Schlüssel
und steckte ihn ins Schloss –
doch die Tür blieb zu.

„Lass mich mal!"
Mama probierte. Umsonst.
„Wie zugeklebt", sagte sie.
Als die Umzugsmänner kamen,
stemmten wir uns zu sechst
gegen die Tür.
Ohne Vorwarnung sprang sie
plötzlich auf.
Wie Dominosteine
fielen wir alle um
und landeten
in der Eingangshalle.

Paula war als Erste
wieder auf den Beinen.
„Igitt", rief sie,
„der Boden ist ja patschnass!"
Mama entdeckte, dass Wasser
die Treppe herunterfloss.
„So eine Schweinerei",
schimpfte sie. „Bestimmt
ist oben wieder das Klo verstopft."
„Und jetzt ist auch noch
meine Brille weg", rief Papa.
„Ohne die bin ich doch
blind wie ein Maulwurf."
Bekümmert sah er
in den Garten hinaus.

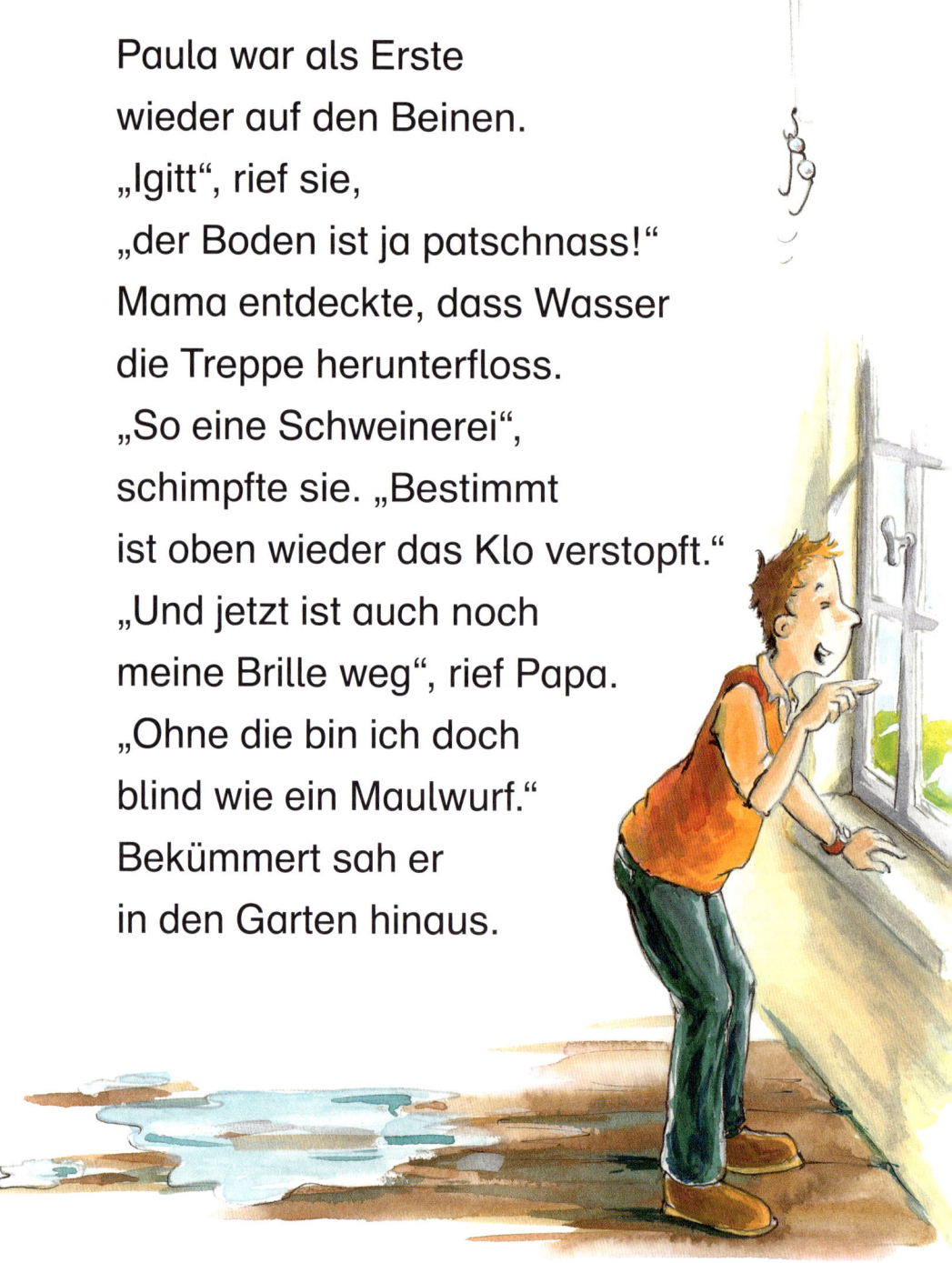

„Sagt mal",
Papa zeigte zum Teich,
„läuft da unten ein Hund?"
„Nein, Mamas Rollkoffer",
schrie Paula. „Tim, schnell!"
Paula ist zwar schlauer als ich,
aber rennen kann ich besser.
Darum erwischte ich
den Koffer gerade noch,
bevor er im Teich versank.
Paula knabberte nachdenklich
an ihrem Daumennagel.
Sie fand wohl auch,
dass es hier nicht
mit rechten Dingen zuging.

☞ Warum ziehen Tim und Paula
in ein Schloss?

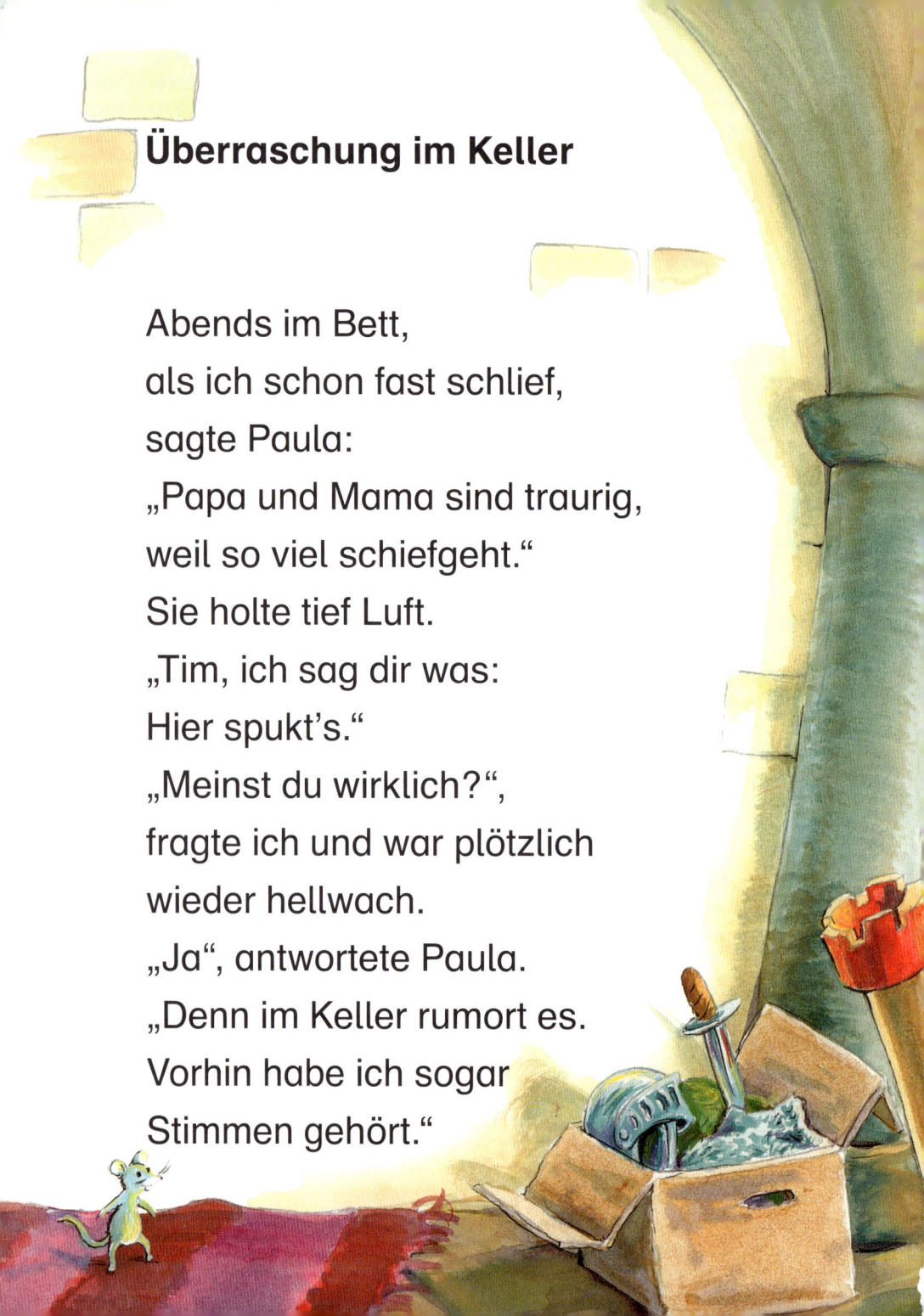

## Überraschung im Keller

Abends im Bett,
als ich schon fast schlief,
sagte Paula:
„Papa und Mama sind traurig,
weil so viel schiefgeht."
Sie holte tief Luft.
„Tim, ich sag dir was:
Hier spukt's."
„Meinst du wirklich?",
fragte ich und war plötzlich
wieder hellwach.
„Ja", antwortete Paula.
„Denn im Keller rumort es.
Vorhin habe ich sogar
Stimmen gehört."

„Sollen wir nachschauen?",
fragte ich.
Große Lust hatte ich
allerdings nicht.
„Na klar", meinte Paula
und griff
nach der Taschenlampe.
„Und wenn die uns was tun?",
sagte ich.
„Leuchten wir ihnen
ins Gesicht",
erklärte Paula.

Leise wie Katzen schlichen wir
in den Keller.
Fahles Mondlicht fiel
durch eine Luke.
Es war gerade hell genug,
dass wir drei bleiche Gestalten
erkennen konnten.
Die kleinste schien
richtig wütend zu sein.
„Also wirklich, Tante Karoline,
das geht zu weit.
Oder etwa nicht, Onkel Konrad?"
„Aber Mirandola!",
polterte das größte Gespenst.

18

„Es waren die Fremden, die uns
zuerst gepiesackt haben …"
In diesem Moment musste Paula
in ihrem Versteck niesen.
Oje, wie die Gespenster erschraken!
Sie versuchten,
durch die Kellerluke zu entkommen.
Dabei verhedderten sie sich
fürchterlich.

„Bleibt doch da", rief ich.

„Wir tun euch auch nichts."

„Ihr tut uns nichts?",

rief Gespenst Konrad.

„Mit eurem Lärm raubt ihr uns

tagsüber den Schlaf.

Das erträgt kein Gespenst ..."

Schüchtern räusperte sich
Mirandola: „Ich finde,
wir sollten uns vertragen,
wo wir doch jetzt zusammen
in einem Haus wohnen."
„Gute Idee", sagte ich.
Mirandola gefiel mir.
„Aber Papa und Mama
verraten wir lieber noch nicht,
dass es euch gibt."

☞ Warum möchten die Gespenster
nicht, dass Tim, Paula, Papa und
Mama im Schloss wohnen?

# Das Einweihungsfest

„Das ist das beste
Einweihungsfest,
das es je gab", sagte Paula.
Sie hatte recht:
Musik spielte,
Fackeln brannten im Garten
und in der Halle
waren eine Menge Tische
festlich gedeckt.
„Schauen wir mal,
ob es schon was zu essen gibt",
schlug ich Paula vor.
Doch dann gingen mit einem Mal
alle Lichter aus.

„Keine Panik", rief Papa
den Gästen zu.
„Bei einem so alten Haus
kann das vorkommen."
Er eröffnete das Büffet
bei Kerzenschein.
Die kugelrunde Frau Just
lud sich als Erste
den Teller voll.
„Was für herrliche Gerichte",
flötete sie.
Doch als sie dann endlich
bei Tisch saß,
blieb ihr der Mund
offen stehen.
Über ihren Fisch ergoss sich
süße Vanillesoße.

Paula stieß mich an
und kicherte:
„So einen Unfug
können doch nur
die Gespenster anstellen,
oder?"

Als Nächstes
war Oma Bettina sprachlos.
Auf ihrem frisch frisierten Kopf
landete eine geschmorte Tomate.

Dann sahen wir, wie Onkel Bernd
eine Kartoffel
in der Hosentasche fand
und Herr Zeisig
ein Hühnerbeinchen im Ärmel.
Als dann auch noch der Wein
in den Gläsern
zu schäumen anfing,
hörte der Spaß auf.
Zum Glück fanden wir
die Gespenster ziemlich bald.
Sie hockten im Garten
hinter der Hecke.
„Wir konnten einfach
nicht mehr aufhören",
entschuldigte sich Mirandola.
„Wir hatten so einen Spaß."

„Sollen wir jetzt dafür
den Gästen eine Freude machen
und mit den Fackeln
durch den Garten segeln?",
schlug Karoline vor.
Ehe Paula und ich
uns versahen,
waren die Gespenster
schon unterwegs.

Gleich darauf
hörten wir jemand rufen:
„Ein Feuerwerk!"
Und dann sahen wir,
wie sich über dem Teich
die lodernden Fackeln wiegten.

Nach dem Fest
erzählten wir Papa und Mama
von den Gespenstern.
„Ach, deshalb das Chaos",
meinte Papa und sah
in die Nacht hinaus.
Vor dem Fenster schwebten
drei winkende Gestalten.
Auch Papa und Mama winkten.
Und die Gespenster lächelten.

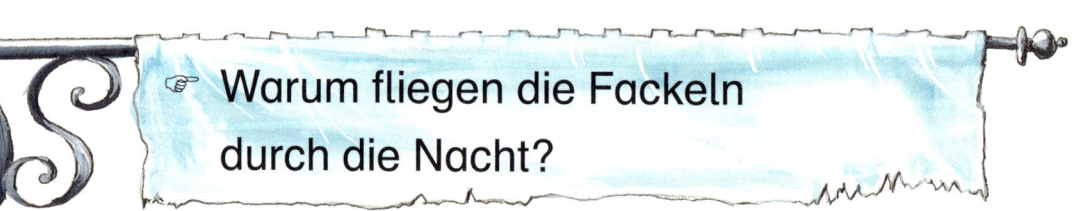

☞ Warum fliegen die Fackeln
durch die Nacht?

# Frisch gewaschene Gespenster

„Ich weiß gar nicht,
was los ist",
jammerte Mama
beim Frühstück.
„Seit wir hier wohnen,
geht alles kaputt.
Die Waschmaschine klappert,
der Trockner auch,
die Spülmaschine rattert …"
„Und der Rasenmäher
spinnt komplett",
fügte Papa an.

Auf dem Schulweg
grübelte Paula vor sich hin.
„Meinst du,
unsere Gespenster sind schuld?",
fragte sie mich.
„Woran?" Gerade hatte ich
über den FC Bayern nachgedacht.
„Die Haushaltsgeräte und so",
antwortete Paula ungeduldig.
„Glaube ich nicht", sagte ich.
„Gespenster haben doch
Angst vor Maschinen."

An diesem Tag
kamen Paula und ich
früher aus der Schule.
„Oh, Mama ist schon da",
sagte Paula,
als sie Geräusche
aus der Küche hörte.

Doch es waren die Gespenster.
Sie standen auf dem Herd
und untersuchten
die Dunstabzugshaube.

„Was macht ihr da?",
fragte ich.
„Gar nichts",
antwortete Konrad.
Er versuchte,
einen Schraubenzieher
hinter seinem Rücken
zu verbergen.
„Wir wollen doch nur wissen,
wie das hier funktioniert.
Solche Sachen hatten wir
früher nämlich nicht."
„Aha", sagte Paula,
„darum ist alles kaputt."
„Wir machen nichts kaputt",
erklärte Konrad gekränkt,
„wir forschen nur."

Am nächsten Tag empfing uns
Mirandola aufgeregt im Flur.
„Karoline und Konrad sind nur kurz
in die Waschmaschine geklettert",
rief sie. „Aber jetzt kommen sie
nicht mehr heraus."
Im Keller sahen wir es selbst:
Hinter der Glastür der Maschine
schwammen immer wieder
Konrad und Karoline vorbei.

Gerade noch vor dem Schleudern
konnten Paula und ich
die Maschine anhalten.
Schlotternd
kletterten die Gespenster
aus der Trommel.
„Alles in Ordnung?",
fragte Paula.
„Vielleicht könnt ihr
die beiden damit trocknen",
sagte Mirandola und zeigte
auf Mamas Föhn.
„Eine tolle Erfindung!"

„Wisst ihr, was?", sagte Paula.
„Papa und Mama
sollen euch einfach mal
die Geräte erklären.
Sonst passiert noch
ein echtes Unglück."
Die Gespenster nickten.
Aber ich war mir sicher,
dass sie schon bald wieder
auf eigene Faust
forschen würden.

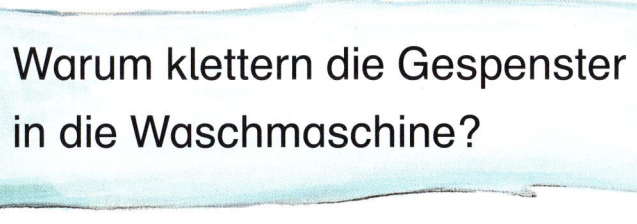

☞ Warum klettern die Gespenster
in die Waschmaschine?

35

# Besuch um Mitternacht

Papa schleppte einen Koffer
zum Auto und sagte:
„Ein langes Wochenende
wird uns guttun."
Mama nickte. „Seit wir
in unserem Schloss wohnen,
hatten wir kaum noch
eine freie Minute."
Dann fuhren wir los,
zu Papas Bruder Bernd.

Als wir drei Tage später zurückkamen,
ging Papa als Erster ins Haus.
„Schaut euch das an!",
rief er entsetzt.
Schlimm sah es bei uns aus!
Mäntel und Regenschirme
lagen verstreut umher.
Eine Schnur war quer
durchs Wohnzimmer gespannt.
Sessel waren umgekippt,
die Stehlampe umgefallen
und Schubladen standen offen.

„Das können doch nur
die Gespenster gewesen sein",
rief Mama aufgebracht.
„Wir werfen sie hinaus", drohte Papa.
Mir war zum Heulen zumute.
„So was hätte ich ihnen
nie zugetraut", klagte ich.
„Wir waren doch Freunde."
Paula kaute mal wieder
an ihrem Daumennagel.
„Vielleicht sollten wir
mit den Gespenstern reden",
überlegte sie laut.
„Gut, wenn du meinst",
sagte Papa
und öffnete die Kellertür.
„Huch, wer sind Sie denn?",
hörten wir ihn dann rufen.

Unten an der Treppe
lagen zwei Gestalten, ordentlich
mit unserer Wäscheleine gefesselt.
Und dann tauchten auch schon
die Gespenster auf.
„Toller Fang, was?",
sagte Konrad stolz.

„Die wollten uns berauben",
erklärte Karoline.
„Aber da sind sie
an die Falschen geraten",
kicherte Mirandola.
Noch nie hatte ich die drei
so vergnügt gesehen.
„Lasst uns raus",
flehten die Diebe.

„Die Nacht war ein Horror.
Wir wollten uns
nur ein bisschen
im Schloss umsehen",
schluchzte der eine Dieb.
„Und dann waren plötzlich
unsere Taschenlampen weg.
Wir sind gestolpert,
weil eine Schnur
quer durchs Zimmer gespannt war."
„Und überall
umgeworfene Möbel",
jammerte der andere.

„Wir wollten flüchten,
sind aber die Kellertreppe
hinuntergestürzt. Und unten",
die Stimme des Diebs zitterte,
„unten wurden wir gefesselt."
„Das habt ihr davon",
stellte Paula fest.
„Kommen wir jetzt
ins Gefängnis?",
fragten die Diebe.
„Wir lassen euch laufen",
sagte Mama. „Ihr seid schon
genug bestraft worden."

Als wir allein waren,
fragte Papa: „Wie können wir
euch Gespenstern nur danken?"
„Ein gemütliches Zimmer
auf dem Dachboden wäre schön",
schlug Konrad vor.
„Spuken können wir dort
genauso gut", erklärte Mirandola.
„Denn Gespenster,
die nicht mehr spuken,
hören auf, welche zu sein."
Und das wollte natürlich
keiner von uns!

☞ Warum haben die Gespenster eine
Schnur durchs Zimmer gespannt?

# Lösungen

### Einzug mit Hindernissen
Tim und Paula ziehen in ein Schloss, weil ihre
Eltern alte Häuser lieben.

### Überraschung im Keller
Die Gespenster möchten nicht, dass tagsüber
jemand in ihrem Schloss Lärm macht.

### Das Einweihungsfest
Die Gespenster fliegen mit den Fackeln durch
die Nacht.

### Frisch gewaschene Gespenster
Die Gespenster klettern in die Waschmaschine,
weil sie wissen möchten, wie sie funktioniert.

### Besuch um Mitternacht
Die Gespenster haben die Schnur gespannt, um
die Einbrecher zu fangen.

Mammutjäger-Geschichten
978-3-401-09771-8

Lustige Reimgeschichten
978-3-401-70013-7

Detektivgeschichten
978-3-401-70031-1

Spannende Ponyhof-
geschichten
978-3-401-09671-1

Jeder Band: Ab 6/7 Jahren • Kleine Geschichten • Durchgehend farbig illustriert
48 Seiten • Gebunden • Format 15,9 x 21,1 cm

Mit Fragen zum Lese-
verständnis und **Bücherbär
am Lesebändchen**

Zeilentrennung
nach Sinneinheiten

Sehr einfache Textgliederung für
das erste Lesejahr

Große
Fibelschrift

„Gut, dass du uns gerufen hast",
sagt Sandor.
„Diese Zeichnungen
sind sehr wertvoll für uns.
Sie zeigen uns den Pfad,
den die Mammutherde
nehmen wird."
Und Elgor ergänzt:
„Siehst du das, Rion?
Wenn die Blätter der Bäume
ihre Farbe wechseln,
werden die Mammuts
zum großen Fluss ziehen."

Am Abend sitzen alle
um das Feuer herum
und machen Pläne.
„Wir müssen
ein Mammut erlegen",
sagt Sandor.
„Dann haben
unsere Frauen und Kinder
viele Monde lang
genug zu essen."
„Aber ich kann kein Blut sehen",
sagt der faule Kerl.

Hoher Illustrations-
anteil

Innenseite aus »Mammutjäger-Geschichten«

Die kurzen Geschichten rund um ein beliebtes Thema sind besonders gut zum
allerersten Selberlesen geeignet. Durch die klare Textgliederung und die vielen
farbigen Illustrationen ist das Lesen ganz leicht.

In Zusammenarbeit mit
**westermann**